Para

com votos de paz.

DIVALDO FRANCO
pelo Espírito JOANNA DE ÂNGELIS

Alegria de viver

SALVADOR
8ª ed. – 2023

© (1987) Centro Espírita Caminho da Redenção
Site: https://mansaodocaminho.com.br
Edição: 8. ed. (3ª reimpressão) – 2023
Tiragem: 2.000 exemplares (milheiros: 44.000)
Coordenação editorial: Lívia Maria Costa Sousa
Revisão: Lívia Maria C. Sousa • Plotino da Matta
Capa: Ailton Bosco
Editoração e programação visual: Ailton Bosco
Ilustrações: Maria Lúcia O. Jorge de Júlio
Coedição e publicação: Instituto Beneficente Boa Nova

PRODUÇÃO GRÁFICA
LIVRARIA ESPÍRITA ALVORADA EDITORA – LEAL
E-mail: editora.leal@cecr.com.br
DISTRIBUIÇÃO: INSTITUTO BENEFICENTE BOA NOVA
Av. Porto Ferreira, 1031, Parque Iracema. CEP 15809-020
Catanduva-SP.
Contatos: (17) 3531-4444 | (17) 99777-7413 (WhatsApp)
E-mail: boanova@boanova.net
Vendas on-line: https://www.livrarialeal.com.br

Dados Internacionais de Catalogação na Publicação (CIP)
(Catalogação na fonte)
BIBLIOTECA JOANNA DE ÂNGELIS

F825 FRANCO, Divaldo Pereira. (1927)
   Alegria de viver. 8. ed. / Pelo Espírito Joanna de Ângelis
   [psicografado por] Divaldo Pereira Franco, Salvador: LEAL, 2023.
   144 p.
   ISBN: 978-85-8266-216-8

   1. Espiritismo 2. Psicografia 3. Alegria
   I. Divaldo Franco II. Título

                                              CDD: 133.93

Bibliotecária responsável: Maria Suely de Castro Martins – CRB-5/509

DIREITOS RESERVADOS: todos os direitos de reprodução, cópia, comunicação ao público e exploração econômica desta obra estão reservados, única e exclusivamente, para o Centro Espírita Caminho da Redenção. Proibida a sua reprodução parcial ou total, por qualquer meio, sem expressa autorização, nos termos da Lei 9.610/98.
Impresso no Brasil | Presita en Brazilo

SUMÁRIO

Alegria de viver 7

1. Aflições 15
2. Precipitação e paciência 21
3. A tenaz esforço 27
4. Realização em caridade 33
5. Corpo e alma 41
6. A força de Deus..........................47
7. Momento inesperado....................53
8. Momento de avaliação.................59
9. Morte com dignidade...................67
10. Paciência antes da crise 75
11. Instrumento divino 83

12 Teu óbolo 89

13 Dramas e soluções 95

14 Mediante esforço 99

15 Riquezas da vida..........................105

16 Necessidade da meditação 111

17 Viver agora 119

18 Na luz da oração........................125

19 Encanto pessoal..........................131

20 Natal íntimo................................139

Alegria de viver

Escasseiam, na atualidade, a paz e a alegria, fatores indispensáveis para o bem-estar e o progresso dos homens.

As alienações decorrentes de muitos fatores e a insatisfação quase geral respondem pelo cansaço, pelo desinteresse ou pela desabalada correria das multidões sôfregas em busca de *coisas-nenhumas*.

※

O excesso de conforto em uns e a escassez dele na maioria dos lares, a saturação

Alegria de viver

propiciada pela vida moderna, assim como a ansiedade pelas sensações novas têm promovido a ampliação do comportamento angustiado, tornando os homens fantoches massificados pelos veículos de comunicação, eficientes vendedores de quimeras e sonhos que se transformam em pesadelos.

❋

Cultura, Arte, Ciência e Tecnologia em grande abundância no mundo, no entanto, insignificante seara de luz, de amor e de felicidade.

❋

Agredindo-se, reciprocamente, as criaturas investem umas contra as outras, sem causa aparente, receosas, a seu turno, de serem atacadas.

A desconfiança arma os membros de uma mesma família e atira-os contra, assim também fazendo com aqueles que lhes não compartem o lar.

❀

Campeiam as opções de lazer e divertimento, enquanto diminuem os espaços para o trabalho, e este se torna odiado, como veículo de degradação para o galé.

❀

Dois mil anos de Cristianismo e escassas colheitas de fé como de fraternidade.

❀

Sem dúvida que há, neste oceano tumultuado, muitas ilhas de amor e serviço, de enobrecimento e de dignificação do gênero humano.

Surgem e multiplicam-se os apóstolos modernos e os heróis do bem, os santos

Alegria de viver

ignorados e os missionários da caridade nos vários departamentos da Terra e nos mais diversos campos de comportamento.

Pensando neles e nos que estão atormentados, especialmente nestes últimos, escrevemos as páginas que constituem o presente volume, inspiradas nas palavras sublimes de Jesus, a fim de os convidar à alegria de viver em qualquer circunstância e situação.

Elegemos as bem-aventuranças como tema para as meditações e apresentamos alguns comentários de fácil aplicação no dia a dia, por mais difícil este se apresente, ensejando renovação, estímulo e júbilo.

A vida é bênção de Deus, e viver com a alegria, que decorre da consciência tranquila, de um coração em paz e de uma conduta reta, é o mínimo que a todos nos cumpre apresentar, como gratidão ao Criador, que prossegue amando-nos sem desfalecimento nem azedume.

Anelando que estas páginas atinjam a finalidade para a qual foram formadas, rogamos ao Senhor que a todos nos abençoe e fortaleça no Seu Amor.

Joanna de Ângelis
Salvador, 11 de janeiro de 1987.

"Bem-aventurados os que choram, porque eles serão consolados."

Mateus, 5: 4.

1
Aflições

Multiplicam-se as aflições no mundo, agigantando os corações humanos.

Algumas invitam à superação, todas, porém, com finalidade depurativa, para quem lhes suporta a presença.

Nem todos os homens, porém, logram entendê-las, a fim de conduzi-las conforme seria o ideal.

Em razão disso, há aflições que anestesiam os sentimentos, como outras que desar-

Alegria de viver

ticulam o equilíbrio, levando a alucinações e resultados infelizes...

❊

Os aflitos tropeçam nos campos da ação redentora, e porque tresvariados pelo inconformismo e pela rebeldia, agridem e são agredidos.

Não obstante, as aflições atuais têm as suas nascentes nos atos passados, próximos ou remotos de cada ser e da sociedade em geral, que devem ser reparados.

A oportunidade da aflição é bênção, porque objetiva reeducar e propiciar crescimento a quem lhe recebe a injunção.

Os que, todavia, não lhe aceitam a condição, perdem o ensejo redentor.

Jesus anunciou que são "bem-aventurados os aflitos", não, porém, todos os aflitos, porque somente aqueles que lhe recebem o impulso iluminativo são os que logram alar-se no rumo dos Altos Cimos.

A aflição pode destinar-se ao mister de prova ou de expiação.

A prova avalia, examina, promove.

A expiação trabalha, reeduca, resgata.

A prova não tem, necessariamente, uma causa negativa, porquanto pode também representar um apelo do Espírito para granjear títulos de enobrecimento, depurando-se a pouco e pouco.

A expiação tem a sua gênese no erro, impondo-se como condição fundamental para a quitação de débitos contraídos.

A prova é de escolha pessoal, enquanto a expiação é inevitável e sem consulta prévia.

Bendize as tuas provas e elege a ação do bem como técnica de crescimento para si mesmo.

Alegria de viver

Agradece as expiações, por mais ásperas se te apresentem, porquanto elas te propiciam a conquista do equilíbrio perdido, auxiliando-te a recompor e a reparar.

Seja qual for o capítulo das aflições em que estagies, reconforta-te com a esperança, na certeza de que, suportando-as bem, amanhã elas te constituirão títulos de luz encaminhados à contabilidade divina, que então te alforriará da condição de precito e devedor, conduzindo-te à plenitude da paz, completamente liberado.

"Bem-aventurados os mansos, porque eles herdarão a terra."

Mateus, 5: 5.

2
Precipitação e paciência

No báratro da atualidade, ante os desafios de cada instante, não te entregues às reações que somente complicam o teu processo evolutivo.

Enfrenta cada problema usando o raciocínio e asserenando o coração, de modo a poderes agir com acerto, sem tais reagentes que resultam da precipitação.

A reação perturba, a ação edifica.

Quando reages sem pensar, serás obrigado, mais tarde, a agir para consertar.

Alegria de viver

❉

Os fatores dissolventes, que resultam dos vícios e acomodações, respondem pela perturbação e desordem que ora grassam soberanos.

Não te deixes arrastar pelo desequilíbrio que se generaliza.

Sê tu aquele que, diante das dificuldades, não se engaja na precipitação. Esta é geratriz da agressividade e da violência, filha dileta do primarismo e do medo ancestral, primitivo.

Assim, em qualquer momento, tens necessidade de cultivar a paz que ressuma da paciência.

A paciência é instrumento da vida para o serviço da perfeição.

A precipitação é operária a soldo das implosões devastadoras e das explosões infelizes.

Joanna de Ângelis / Divaldo Franco

❄

Lenta e seguramente cresce no trabalho e atua nos teus deveres.

Melhor realizar em profundidade, com calma, do que com precipitação, tudo intentar produzir.

❄

A precipitação desnorteia; a paciência harmoniza.

Precipitado, o homem tomba nas próprias armadilhas. Paciente, soluciona todos os enigmas.

❄

A precipitação retrata distúrbio emocional, enquanto que a paciência reflete harmonia interior.

❄

Alegria de viver

Átila, precipitado, submeteu grande parte do mundo ao seu domínio, para logo depois sucumbir, vitimado pela própria impulsividade.

Antes dele, Alexandre Magno conquistou a Terra conhecida, não obstante, desencarnou em perturbação e insatisfação íntima.

A história dos precipitados conquistadores do exterior é feita de amargura e com ressaibos de dor.

Jesus, porém, que nos veio amar, permanece conquistando-nos com paciência, aguardando que O sigamos.

Nas Suas pegadas levantaram-se apóstolos, mártires e santos em todas as épocas, ensinando-nos que a precipitação conduz à loucura; todavia, a paciência com amor, mãe da resignação cristã, leva à vitória e à salvação.

"Bem-aventurados os que têm fome e sede de justiça, porque eles serão fartos."

Mateus, 5: 6.

3

A tenaz esforço

Se pretendes a paz interior, cultiva o trabalho sem descanso.

Se queres a alegria, gera o bem infatigável onde te encontres.

Se esperas a saúde perfeita, adapta-te às disciplinas do equilíbrio e da probidade.

Se aguardas o amor, sê fiel à amizade, perseverando no culto do serviço ao próximo sem alteração de conduta.

Se anseias pela fé, estuda e desenvolve a bondade com todos que te cerquem.

Alegria de viver

Se anelas pelo perdão daquele a quem ofendeste, reabilita-te, mediante o comportamento humilde, no qual o arrependimento honesto se te faça presente.

Se ambicionas a felicidade, semeia o bem sem descanso e aguarda o tempo.

Se atuas com os olhos postos na Imortalidade, recupera a ocasião perdida e insiste sem receio nos ideais da verdade.

Se marchas no rumo do dever sem te apartares das linhas da conduta reta, triunfarás em ti mesmo e te alçarás aos cimos de onde contemplarás a rota percorrida, bendizendo a dor e agradecendo a luta, graças às quais te alaste para o voo de triunfo então logrado.

❁

A ilusão, geradora da irresponsabilidade, é inimiga sutil de quem aspira à felicidade.

A fantasia, afastando da realidade, responde pelas decepções e amarguras.

O entusiasmo desmedido cega a razão, transferindo a mente do dever para desnecessários logros, que não atendem aos anseios do coração.

O sonho mirabolante produz um despertamento perturbador.

Ama e renuncia, deixando cada coração seguir o rumo que lhe compraz.

Segue o teu caminho, e, se alguém pretende amar-te ou sentir a tua companhia, que venha contigo.

Se, porém, desejas participar das alegrias de a quem amas, não o retenhas nos teus desejos, deixando-o em liberdade, a fim de que ele te abençoe sempre com carinho e gratidão.

❊

Jesus nunca se impôs, jamais constrangeu. Igualmente, não cedeu o passo, jamais se desviando da rota e, derrubando todos

Alegria de viver

os castelos da ilusão e todas as edificações da fantasia, preferiu a taça de fel e a cruz transitórias, mediante as quais demonstrou a grandeza do seu messianato, que prossegue além das estrelas rutilantes, num rumo de perene alegria.

"Bem-aventurados os misericordiosos, porque eles alcançarão misericórdia."

Mateus, 5: 7.

4
Realização em caridade

Sim, existe grande número de pessoas mais bem qualificadas do que tu para o ministério do amor e a realização da solidariedade na Terra.

Sem dúvida, há multidões que estão menos capacitadas para o mesmo mister, em relação a ti.

O importante, porém, não é como se encontram uns e outros, mas, sim, como estás, a fim de que a ação do bem se manifeste, alterando as atuais estruturas morais anárquicas e ensejando a implantação da

Alegria de viver

bondade, do perdão, da caridade entre os homens.

A renovação do mundo jamais se dará mediante imposições legais, embora estas sirvam para frear os desconcertos emocionais e éticos; todavia, será resultante da transformação pessoal de cada criatura, cuja conduta espelhará a excelência do seu equilíbrio e da sua realização superior.

❊

Numa obra de conjunto, todos os elementos são de importância para os resultados que se pretendem. Há fatores que respondem pela precisão e qualidade do trabalho, como existem os que se responsabilizam pela resistência e durabilidade. São valiosos os de grande porte, nos quais outros se fixam, como os de pequeno volume, que acionam o todo e se encarregam da harmonia geral.

Funcionam em equilíbrio, porque cada peça obedece à finalidade para a qual foi elaborada, cada uma cumprindo com a função que lhe é destinada.

No mundo social e moral não é diferente.

Quando alguém se ajusta, surge a harmonia no todo; quando se descontrola ou cai, aparece o desequilíbrio.

❂

Fala-se demais em técnica e qualificação como condições essenciais para os empreendimentos relevantes.

Sem os desconsiderar, enquanto estes não chegam, que os valores da dedicação e do serviço se apresentem e deem início ao programa.

Antes de surgir o arado mecânico, largos tratos de terra foram revolvidos pelo de tração animal; até o advento da lâmpada,

Alegria de viver

lampiões, candeeiros e outros mecanismos rudes se fizeram instrumentos da claridade, vencendo as sombras.

Assim, não te detenhas, porque te consideres desarmado de altos valores a que muitas criaturas se referem.

Se não podes implantar a paz, vence a tua violência íntima.

Se não consegues transformar o mundo, melhora-te interiormente.

Se não logras ser uma estrela, torna-te uma lamparina modesta, porém valiosa.

❄

Da mesma forma, evita o desânimo, quando considerando a massa humana volumosa que se encontra em condição menos feliz que a tua.

O adubo, mesmo desprezado, é fator de vida.

A chuva, embora rápida, beneficia.

Joanna de Ângelis / Divaldo Franco

O Sol, mesmo no entardecer, aquece.

❈

Recorda-te de que "... Deus é caridade; e quem está em caridade está em Deus e Deus nele", conforme anotou o apóstolo João, na sua primeira carta, capítulo quatro, versículo dezesseis.

"Bem-aventurados os limpos de coração,
porque eles verão a Deus."

Mateus, 5: 8.

5

Corpo e alma

Reservas tempo e espaço para o corpo, que te exige proteção e cuidados.

Fazes bem. Todavia, necessitas dispensar assistência à alma que te sustenta e conduz.

Preservas os equipamentos orgânicos mediante higiene, alimentação, vestuário, remédios.

É teu dever. Sem embargo, cumpre-te conceder forças morais à alma, que se encarrega de pôr em funcionamento todos esses mecanismos com a indispensável precisão.

Alegria de viver

Selecionas acepipes, combinas receitas e dietas, facultas repouso e diversão ao invólucro material.

Ages com discernimento. Entretanto, não esqueças de propiciar conhecimentos iluminativos à alma, a fim de que, renovada, faculte equilíbrio nervoso e harmonia de trabalho aos órgãos em funcionamento.

Fruis prazeres e buscas comodidades para ampliar as reservas de saúde, gozando um constante bem-estar.

Trata-se de providência acertada. Mesmo assim, dispõe-te à ação da caridade e do vero amor, com os quais a alma se mantém em sintonia com as fontes da Vida.

Desfrutas de festas e recreações como indispensáveis a uma realização total, na qual os esportes te desenvolvem os músculos e preservam as funções fisiológicas.

Concordamos que se trata de um cuidado devido. Apesar disso, busca a oração e exercita as virtudes morais, de modo a robustecer a alma durante a jornada libertadora.

Corpo e alma constituem uma dualidade que, em síntese, são a mesma unidade da vida universal.

❊

Cuida do corpo e atende a alma.

Socorre o organismo, mas medita em torno das necessidades espirituais.

O corpo é efeito. A alma é-lhe a causa.

A matéria é escola. O ser é o aprendiz que a utiliza.

A forma se dilui. A essência prossegue.

❊

Vive os impositivos humanos, porém não descures da tua realidade, aquela que preexiste ao corpo e a ele sobrevive.

❊

Alegria de viver

A vida física é uma experiência no rumo da evolução, enquanto a espiritual é eterna, de onde procedes e para onde retornas.

Vive, pois, de tal forma que, atendendo ao corpo, estejas em condição de deixá-lo, pleno e consciente da tua procedência indestrutível, no rumo da felicidade imorredoura.

"Bem-aventurados os pacificadores, porque eles serão chamados filhos de Deus."

Mateus, 5: 9.

6

A força de Deus

Para onde te voltes, Deus é a Presença única, total, pulsante, e é o Poder real, permanente, inigualável, que atua sem cessar.

Tudo vibra e se movimenta graças à Sua força, ao impulso inicial, que d'Ele procede.

É imperioso abrires a mente e o coração, conscientemente, a essa energia, a fim de te deixares penetrar, adquirindo os recursos que dela fluem e assim te tornando usina reguladora, a irradiar em todas as direções.

Alegria de viver

Ao fazê-lo, envolverás os demais indivíduos em bênçãos, modificando a estrutura ambiental, e os enriquecendo de valores insuperáveis.

O medo e a dúvida, a mágoa e a insensatez cederão lugar à confiança e à coragem, abrindo espaço para os logros elevados do Espírito eterno.

Se adotas pensamentos de depressão ou de violência, de inarmonia ou de escassez neste ambiente repleto de vida, isolas-te, alienando-te do poder de Deus e buscando a fraqueza de ti mesmo. Todavia, se te permites impregnar pela pujança da Sua vitalidade, essa paz segue em tua direção e te envolve em sucessivas ondas que te resguardam das agressões e hostilidades de fora, que jamais te alcançarão.

❈

O puro amor paira no ambiente onde vives.

Joanna de Ângelis / Divaldo Franco

O bem prevalece no germe de todas as coisas, aguardando os fatores propiciatórios ao seu desabrochar.

A vida soberana e sem jaça manifesta-se em toda parte e predomina no cerne da tua mente e do teu corpo, esperando a tua anuência, a fim de agigantar-se.

Essa Presença aguarda por ti e inclui todo o bem de que possas necessitar.

Dócil a esse contágio, não sofrerás mais, porque te recarregarás de júbilo e de força, a cada momento, participando do universo da permuta vital.

❉

És vida e participas da Vida plena.

Habitua-te ao banquete da felicidade, apagando da memória as impressões mutiladoras e carregadas da sombra gerada pelo pessimismo.

Abre os braços à ação e cresce na direção do Infinito.

Alegria de viver

O pedregulho e o espinho no solo chamam-te a atenção para a marcha, porém os astros na abóbada refulgente convidam-te ao crescimento e à glória da amplidão.

Estás no ambiente de Deus, que te enseja prosperidade e alegria.

❋

Possuis todas as qualidades indispensáveis para o êxito, pois que de Deus provém tudo quanto se manifesta em ti e em teu mundo.

A força de Deus estará contigo sempre e te dará descanso.

"Bem-aventurados os que têm sido perseguidos por causa da justiça, porque deles é o Reino dos céus."

Mateus, 5: 10.

7
Momento inesperado

O aprendizado na carne, por mais largo e benéfico se apresente, tem data marcada para sua conclusão.

O roteiro, de longa distância, a ser conquistado palmo a palmo, tem o seu ponto terminal.

O discurso, eloquente e abrasador, por mais significativo, tem a sua última palavra.

O dever, mesmo quando de sabor eterno, apresenta-se em expressões transitórias que

Alegria de viver

se interrompem, abrindo espaços para novas imposições.

❋

No corpo tudo é transitório.

A vida física, por isso mesmo, é uma etapa muito breve da realidade do ser imortal.

Utilizá-la com sabedoria, amealhando recursos de luz, deve constituir a ação contínua do homem inteligente.

Enquanto o insensato se compromete, arregimentando as forças negativas, que terminam por consumi-lo, o homem esclarecido no Evangelho usa o recurso da sabedoria para colecionar as moedas da paz, armazenando-as nos cofres do dever.

Indispensável, portanto, viver pensando na vida transcendente.

Caminhar aguardando o dia perene.

Servir em termos de libertação íntima.

Nunca dissociar das empresas terrenas a circunstância da desencarnação.

O apego, em forma de imantação, a ansiedade pelo dia de amanhã como maneira de volúpia; o gozo na condição de perenidade devem ceder lugar ao amor amplo e irrestrito, libertador e abençoado, sem angústia pelo que passou, sem tormento pelo que vai chegar, numa vinculação perfeita às alegrias plenas do próprio transcendente prazer fruído.

❊

Espíritos errantes, na busca do equilíbrio, os que estão na Terra, na vestidura carnal, encontram-se em depuração, e os que abandonamos as células orgânicas estamos em conquista de outros valores, para um dia podermos desfrutar de todas as concessões que ainda nos não são lícitas fruir.

Arma-te de amor, semeando sóis pelo caminho em sombras.

Alegria de viver

Desdobra a ternura, enlaçando os que sofrem em liames de verdadeira fraternidade, para o próprio bem e o de todos os outros.

Liberta, libertando-se; aquinhoa-os, brindando-te paz e desarmando-te dos instrumentos belicosos do egoísmo, da violência e da rebeldia contumaz.

Do dia e da hora da viagem ninguém sabe, disse Jesus, "só o Pai".

Vive valorizando cada momento, como se ele te fosse o terminal da romagem encetada, cujo compromisso no corpo tem um ponto final.

"Bem-aventurados sois, quando vos injuriarem, vos perseguirem e, mentindo, disserem todo o mal contra vós por minha causa."

Mateus, 5: 11.

8

Momento de avaliação

No encerramento de cada exercício é inevitável a estruturação de um balanço, em relação aos investimentos estabelecidos.

Receita e despesa, confrontados, resultam no saldo que caracteriza o acerto ou a incapacidade do administrador.

Ocorrências imprevisíveis, sucessos, malogros, alta e queda de valores amoedados respondem pelo resultado da empresa ao fecharem-se as contas.

Alegria de viver

❋

No que diz respeito à economia moral, é imprescindível fazer-se uma avaliação das conquistas realizadas durante a ocorrência de cada período, para bem aquilatar-se de como se vai e de como programar-se a etapa nova.

Os minutos sucedem-se, gerando as horas.

Os dias passam, estabelecendo os meses.

Os anos se acumulam e as estruturas do tempo se alteram.

Quem conhece Jesus é convidado a investir, nos divinos cofres do amor, as moedas que a sabedoria lhe faculta em forma de maior iluminação, pela renúncia, caridade, perdão e esperança.

De tempos em tempos, impostergavelmente, torna-se necessário um cotejo do que foi feito em relação ao programado, para medir-se o comportamento durante o trânsito dos compromissos.

Façamos hoje, no encerramento da experiência, uma avaliação-balanço.

Constatada a presença de equívocos, disponhamo-nos a corrigi-los.

Identificados os êxitos, preparemo-nos para multiplicá-los.

Lograds os sucessos, apliquemo-los em favor do bem geral.

Detectados os malogros e sofrimentos, abençoemos a dor e a dificuldade que nos devem constituir impulso e estímulo para o prosseguimento.

Tenhamos, no entanto, a coragem de uma avaliação honesta, sem desculpas, sem excesso de intransigência.

❃

Espíritos em processo lapidador, ainda nos não libertamos da ganga que impede se reflita no íntimo o brilho do amor de Jesus.

Alegria de viver

Não obstante, triturados pela bigorna e o buril dos testemunhos, deixemos se manifeste a divina presença em forma consoladora e equilibrante.

Uma avaliação sensata far-nos-á descobrir onde e por que nos equivocamos, como e para que nos poderemos reabilitar, avançando com segurança no rumo do objetivo final.

❀

Hora de balanço é hora séria.

Proponhamo-nos à pausa da reflexão com a coragem de nos despirmos perante a consciência, como se a desencarnação nos houvesse surpreendido e nos não fosse possível omitir, escamotear ou fugir à responsabilidade que adquirimos perante a vida, em face da dádiva da reencarnação.

Experiência que passa enseja lição que permanece.

E, de aprendizado em aprendizado, o relógio da eternidade nos propiciará o crescimento no rumo de Deus e na aquisição da virtude da paz.

"Alegrai-vos e exultai, porque é grande o vosso galardão nos céus; pois assim perseguiram aos profetas que existiram antes de vós."

Mateus, 5:12.

9
Morte com dignidade

A eutanásia, ou a técnica da "morte fácil", conforme elucida a sua etimologia, prossegue sendo grave compromisso moral, que o homem moderno insiste por legalizar, em lamentável teimosia, relativamente, às Soberanas Leis que regem a vida.

Por mais preciso que se apresente o diagnóstico médico em relação às enfermidades, sempre se há de contar com a imprevisibilidade orgânica de cada paciente, segundo sua programação evolutiva.

Alegria de viver

O pavor, que decorre da possibilidade do sofrimento, demonstra a predominância do comportamento utilitarista do homem, que se esquece da sua realidade última e íntima, que é o ser espiritual, ao invés da carne transitória de que se reveste.

O estabelecimento de dados que permitam ao médico encerrar a existência de um paciente terminal é roteiro falho, em se considerando que as resistências morais variam de criatura para criatura, não podendo, deste modo, um conceito de dor ter validade geral entre indivíduos infinitamente diferentes.

Outrossim, a atitude de alguém que opta, em plena saúde, pela aceitação da eutanásia, quando se lhe manifestem determinadas ocorrências na área do equilíbrio físico ou mental, não pode ser considerada definitiva, porquanto, a cada instante, muda-se de emoção, altera-se a forma de encarar-se os fatos e de considerar-se os acontecimentos...

"Morrer com dignidade" não pode ser a aplicação imoral da eutanásia, que degenera em homicídio, desde que a vida é patrimônio de Deus, que sabe quando e como alterar-lhe o curso, no corpo e fora dele.

Partindo-se do direito que muitos indivíduos se arrogam de escolher, para a própria morte, a mais agradável maneira, o candidato que assim procede, igualmente sucumbe vitimado por suicídio covarde a que se precipita, quando lhe cabe o dever de preservar o corpo, até que este cumpra a finalidade para a qual foi elaborado.

A dignidade de morrer está na resignação, na conduta, mediante a qual ela é enfrentada, elevando o Espírito e o felicitando em definitivo.

Alegria de viver

A dor é bênção a que fazes jus.

A tua será a morte que mais facilmente te propiciará a vida em abundância.

Assim, vive cada momento com elevação e nobreza, lutando para preservar o corpo na vilegiatura em que se encontra.

Os últimos instantes, na enfermidade, podem significar-te glória ou desdita no Além-túmulo.

❁

Sofrerás, apenas, o de que necessites para seres livre.

Padecerás, somente, enquanto estejas incurso nos débitos contraídos.

Penarás ante a injunção que mereças, e não mais.

Se buscas fugir à Lei, tombarás nas suas malhas, adiante, em situação mais penosa e circunstância mais angustiante.

Nunca fugirás à consciência, nem te evadirás da vida.

Sem nenhuma apologia pelo sofrimento, eutanásia jamais!

※

Deus é Nosso Pai de Amor e, a benefício das Suas criaturas, permite que a Ciência prolongue a vida; e, da mesma forma em que surgem os fomentadores do suicídio e do homicídio através da eutanásia, favorece a Humanidade com os apóstolos do amor, que se fazem, na Medicina, os sacerdotes dignificadores da Vida.

"Pois vos digo que se a vossa justiça não exceder a dos escribas e fariseus, de modo nenhum entrareis no Reino dos céus."

Mateus, 5: 20.

10

Paciência antes da crise

O homem moderno tem urgente necessidade de cultivar a paciência, na condição de medicamento preventivo contra inúmeros males que o espreitam.

De certo modo, vitimado pelas circunstâncias da vida ativa em que se encontra, sofre desgaste contínuo que o leva, não raro, a estados neuróticos e agressivos ou a depressões que o aniquilam.

A paciência é-lhe reserva de ânimo para enfrentar as situações mais difíceis sem perder o equilíbrio.

Alegria de viver

A paciência é uma virtude que deve ser cultivada e cuja força somente pode ser medida, quando submetida ao teste que a desafia, em forma de problema.

O atropelo do trânsito; a balbúrdia geral; a competição desenfreada; o desrespeito aos espaços individuais; a compressão das horas; as limitações financeiras; os conflitos emocionais; as frustrações e outros fatores decorrentes da alta tecnologia e do relacionamento social levam o homem a inarmonias que a paciência pode evitar.

Exercitando-a nas pequenas ocorrências, sem permitir-se a irritação ou o agastamento, adquirirá força e enfrentará com êxito as situações mais graves.

A irritação é sinal vermelho na conduta e o agastamento é arma perigosa pronta a desferir golpe.

Todas as criaturas em trânsito pelo mundo são vítimas de ciladas intencionais ou não.

Saber enfrentá-las com cuidado é a única forma de passar incólume.

Para tanto, faz-se mister desarmar-se das ideias preconcebidas, infelizes, que geram os conflitos.

※

Se te sentes provocado pelos insultos que te dirigem, atua com serenidade e segue adiante.

Se erraste em alguma situação que te surpreendeu, retorna ao ponto inicial e corrige o equívoco.

Se te sentes injustiçado, reexamina o motivo e disputa a honra de não desanimar.

Se a agressão de alguma forma te ofende, guarda a calma e a verás desmoronar-se.

A convivência com as criaturas é o grande desafio da evolução, porque resulta,

Alegria de viver

de um lado, da situação moral deles, e, de outro, do seu estado emocional.

O amor ao próximo, no entanto, só é legítimo quando não se desgasta nem se converte em motivo de censura ou queixa, em relação às pessoas com quem se convive.

É fácil amar e respeitar aqueles que vivem fisicamente distantes.

O verdadeiro amor é o que se relaciona sempre bem com as demais criaturas, quando, porém, o indivíduo pacientemente amar-se a si mesmo, podendo compreender as dificuldades do ponto de vista do outro, antes que da própria forma de ver.

❈

Fariseus e saduceus, simbolicamente, estarão pelo caminho das pessoas robustecidas pelos ideais superiores, tentando, armando-lhes ciladas.

Ama, em toda e qualquer situação, assim logrando a tua própria realização, que é a meta prioritária da tua existência atual, vivendo com paciência para evitares as crises devastadoras.

"Mas seja o vosso falar:
Sim, sim; não, não..."

Mateus, 5: 37.

11
Instrumento divino

O violino é instrumento delicado, rico de melodias, aguardando execução.

Deixado à umidade, perde a ressonância.

Manipulado com rispidez, desafina-se.

Largado ao abandono, sofre a invasão de insetos que o destroem.

Utilizado com brutalidade, arrebenta-se.

Esquecido em temperaturas elevadas, estala e rompe a caixa acústica.

Alegria de viver

Em mãos inábeis, perde a finalidade e o valor.

Em museu, é peça morta.

Atirado ao lixo, torna-se inutilidade.

No entanto, cuidado, recebendo afinação, conduzido com carinho, reflete as melodias divinas ao contato do arco que lhas arranca, vibrando harmonias incomparáveis que lhes saem das cordas distendidas e equilibradas.

❋

O médium, de certa forma, pode ser comparado ao violino.

Afinado com os dons da vida e colocado em mãos treinadas, acostumadas às músicas divinas, traz, à Terra, as gloriosas mensagens da Imortalidade.

Posto em comunhão com o bem, esparze harmonias que facultam paz e estimulam ao amor.

Estando em ação correta, participa da orquestração da Vida, expressando a glória da Criação em concertos de indefiníveis estesias.

Sob a ardência das paixões primitivas, porém, arrebenta os centros de comunicação e perverte a finalidade a que se destina.

Cultivando os instintos primários e dando-lhes expressão, tomba nos depósitos de lixo das obsessões penosas.

Absorvendo a queixa e o pessimismo, perde a afinidade com os instrumentistas superiores.

Relegando-se ao marasmo, desconecta os centros de registro elevado.

Utilizado para o mercantilismo e as frivolidades, gasta-se nos prejuízos destruidores.

Compulsado por Entidades perversas, morrem-lhe os ideais de enobrecimento, e embrutece-se, caindo depois na alucinação autoaniquiladora.

Alegria de viver

❋

O violino e o médium têm muita semelhança.

São, em si mesmos, neutros, dependendo de como se deixam utilizar.

O violino, porque não possui razão nem inteligência, depende totalmente do seu possuidor, quanto o médium resulta da conduta moral que imprimir à sua faculdade.

❋

Deixa-te tanger pelas mãos dos artistas espirituais de elevado porte, a fim de que possas transmitir as melodias da Vida Maior para felicitar as criaturas.

Em qualquer situação, permanece cauteloso, zelando pelos teus equipamentos, de modo a responder em harmonia a todas as emissões dos artistas divinos, como instrumento sintonizado com a sublime orquestra do Amor de Nosso Pai.

"Não resistais ao homem mau; mas, a qualquer que vos bater na face direita, dai-lhe também a esquerda."

Mateus, 5: 39.

12

Teu óbolo

Simbolicamente, o óbolo da viúva tem larga aplicação no constante labor de quem deseja ser útil.

Não apenas a moeda representativa para a aquisição do pão ou do vestuário, do medicamento ou do teto... Mas, também, o gesto sacrificial, sem preço, raramente oferecido, assim como a palavra oportuna, quando a circunstância é difícil.

Essas concessões, aparentemente insignificantes, são de grande valor e poucas

Alegria de viver

vezes colocadas a serviço da edificação do bem.

Da mesma forma, o perdão silencioso à ofensa intempestiva ou a compreensão fraternal, quando ocorra lamentável incidente.

A paciência amiga diante da contingência alucinadora ou a perseverança, quando tudo conspira em relação ao prosseguimento das atividades expressivas.

O silêncio digno quando a ofensa provoque reações infelizes, ou a confiança no êxito, mesmo que os fatores pessimistas pareçam predominar.

Todos possuímos essas moedas-amor, de aparente pequena monta, todavia, portadoras de altos conteúdos para a aquisição da paz.

❈

A viúva referida por Jesus na parábola ofertou a última e menor moeda que possuía, em cumprimento ao dever recomendado pela lei.

Ninguém, da mesma forma, que se possa eximir à ajuda fraternal ao seu próximo.

Há doações valiosas e ricas que transitam pelas mãos do mundo, sem que solucionem os problemas daqueles a quem são dirigidas.

Não obstante, a dádiva de amor logra abençoar as vidas, enriquecendo-as de esperança e de harmonia.

❧

Sempre serás convocado a repetir o gesto nobre e significativo da viúva pobre, que motivou a bela parábola evangélica.

A oração intercessória por alguém; a referência positiva a respeito do próximo; a ação, desconhecida pelo beneficiário; a drágea que amortece a dor; o unguento que refresca a ulceração; o conselho feliz, no momento adequado são pequenas-valiosas moedas colocadas nos gazofilácios das vidas, em cumprimento à Lei de Amor, que vige em toda parte.

❧

Não te justifiques a inércia ou a negação para o serviço da caridade.

Sempre podes auxiliar, doando e enriquecendo-te, porquanto mais feliz é sempre aquele que doa, pois que, mesmo na posição de carência em que se possa encontrar, desejando, sempre pode ajudar com o óbolo que notabilizou a feliz viúva do Evangelho.

"A quem demandar convosco e tirar-vos a túnica, dai-lhe também a capa."

Mateus, 5: 40.

13
Dramas e soluções

Dramas do momento:
Mudança de comportamento.
Incompatibilidade de gênios.
Desajuste emocional.
Desespero financeiro.
Frustração afetiva.
Inquietação íntima.
Ansiedade e nervoso.
Depressão e descontentamento.
Violência generalizada.

Alegria de viver

Necessidade de repouso.

Ausência de amigos, produzindo soledade...

Todos esses dramas são resultantes do egoísmo.

❅

Ama sem exigência de reciprocidade.

Trabalha sem desfalecimento.

Ora sem revolta.

Serve sem interesse retributivo.

Perdoa sem condicionais.

E vive confiando na vitória do bem, que nunca te deixará em abandono nem em desgraça.

A desgraça decorre do egoísmo, enquanto que a felicidade é fruto do amor.

"E quem vos obrigar a andar mil passos, ide com ele dois mil."

Mateus, 5: 41.

14
Mediante esforço

A siderurgia transforma a estrutura dos metais e trabalha-os, para finalidades compatíveis, com programas adrede estabelecidos.

Artistas alteram as formas de pedras, do bronze, do cobre, do ouro, da prata, da matéria e transmitem-lhes vida, arrancando-lhes das entranhas, sob inspiração e esforço, a beleza e a utilidade para o enriquecimento da sociedade.

Alegria de viver

Débil raiz cravada na frincha de uma rocha, obedecendo ao finalismo da sua existência, fende a pedra rude e sustenta a planta que sobre ela se desenvolve.

A vida responde de acordo com a ação desencadeada.

O violento tropeça com a truculência a cada passo.

A paciência encontra a harmonia quando persiste.

O sanguinário torna-se vítima da própria impetuosidade.

O pacifista adquire tranquilidade enquanto defende os ideais que o dominam.

O intrigante padece da neurose do medo.

A lealdade produz confiança.

A irritabilidade leva às ulcerações gástricas, duodenais e ao desequilíbrio da emoção.

A concórdia gera harmonia em toda pessoa e lugar.

O mal é sombra pelo caminho de quem lhe sofre a ação.

O bem é luz irradiante a produzir alegria.

※

Amolda-te ao programa do dever de crescer para Deus, "domando as más inclinações", a princípio nas imperfeições de pequena monta, mediante cujo exercício te condicionarás para a vitória sobre as paixões mórbidas que procedem do passado delituoso e de que te deves libertar em definitivo.

O homem torna-se o que se trabalha.

Não há milagre de transformação moral em quem não se exercitou nas realizações humanas para a própria sublimação pessoal.

"Dá a quem te pedir e não te desvies daquele que quiser que lhe emprestes."

Mateus, 5: 42.

15
Riquezas da vida

À inteligência delegou a Divindade os recursos para gerar as bênçãos de que o homem necessita para o seu crescimento.

A ela cabe o ministério de mudar as estruturas ambientais, produzindo fatores que ensejam o conforto e favorecem a alegria.

A conquista do dinheiro faz parte do seu programa, em se considerando a condição de vida na Terra, em que as trocas se fazem

Alegria de viver

sob a injunção das moedas que propiciam riquezas e misérias...

A riqueza, portanto, está presente no organograma do processo de crescimento da criatura.

Quando mal aplicada, ou posta a serviço do egoísmo, ou responsável pela carência noutras mãos, dá surgimento à pobreza, que não é de Deus, mas dos seus administradores humanos infiéis...

❈

Faz parte da fatalidade das leis soberanas da vida a felicidade.

Alcançá-la mediante o investimento do amor é recurso de que se devem valer todos quantos, malogrando, tombam no impositivo do sofrimento, em cujas faixas comportamentais de ação, a escassez de recursos amoedados se apresenta como metodologia eficiente de reeducação.

Joanna de Ângelis / Divaldo Franco

Tem, portanto, o homem o direito de lutar pela riqueza, desde que se não afadigue pelo supérfluo, utilizando-se dela para propiciar oportunidades felizes, multiplicar empregos, promover o próximo, ampliar as áreas da educação, da moradia, da saúde...

❊

Considera nas tuas aspirações de progresso e de riqueza tudo quanto é necessário ou supérfluo.

Seja a tua abastança razão de alegria para muitos, além do teu estreito círculo afetivo.

Se, todavia, não lograres acumular bens transitórios, tem em mente a importância dos valores eternos e não desfaleças no afã de progredir onde te encontres e sob quais injunções te demores.

Não situes as tuas metas apenas na conquista das riquezas materiais, mantendo a recordação do ensinamento do Mestre que

Alegria de viver

"nem só de pão vive o homem", apoiando-te na "palavra de Deus" e sendo feliz com os recursos de que disponhas, o que não significa manteres-te em indiferença pelos bens humanos ou fugindo do trabalho, que é o grande gerador de todos os valores da vida.

"... Amai os vossos inimigos e orai pelos que vos perseguem."

Mateus, 5: 44.

16
Necessidade da meditação

A meditação é recurso valioso para uma existência sadia e tranquila.

Através dela o homem adquire o conhecimento de si mesmo, penetrando na sua realidade íntima e descobrindo inexauríveis recursos que nele jazem inexplorados.

Meditar significa reunir os fragmentos da emoção num todo harmonioso que elimina as fobias e as ansiedades, liberando os sentimentos que encarceram o indiví-

Alegria de viver

duo, impossibilitando-lhe o avanço para o progresso.

❄

As compressões e excitações do mundo agitado e competitivo, bem como as insatisfações e rebeldias íntimas, geram um campo de conflito na personalidade, que termina por enfermar o indivíduo que se sente desagregado.

A meditação enseja-lhe a terapia de refazimento, conduzindo-o aos valores realmente legítimos pelos quais deve lutar.

Não se faz necessário uma alienação da sociedade, tampouco a busca de fórmulas ou de práticas místicas, ou a imposição de novos hábitos em substituição dos anteriores para adquirir-se um estado de paz, decorrente da meditação.

Algumas instruções singelas são úteis para quem deseje renovar as energias, reoxigenar as *células da alma* e revigorar as disposições otimistas para a ação do progresso espiritual.

A respiração calma, em ritmo tranquilo e profunda, é fator preponderante para o exercício da meditação.

Logo após, o relaxamento dos músculos, eliminando os pontos de tensão nos espaços físicos e mentais, mediante a expulsão da ansiedade e da falta de confiança.

Em seguida, manter-se sereno, imóvel quanto possível, fixando a mente em algo belo, superior e dinâmico, qual o ideal de felicidade, além dos limites e das impressões objetivas.

Esse esforço torna-se uma valiosa tentativa de compreender a vida, descobrir o significado da existência, da natureza humana e da própria mente.

Por esse processo, há uma identificação entre a criatura e o Criador, compreendendo-se, então, quem se é, por que e para que se vive.

Alegria de viver

❊

Não é momento de interrogações do intelecto, o da meditação; é de silêncio.

Não se trata de fugir da realidade objetiva, mas de superá-la.

Não se persegue um alvo à frente, antes se harmoniza no todo.

Não se aplicam métodos complexos ou conceitos racionais, porém, anula-se a ação do pensamento para sentir, viver e tornar-se luz.

O indivíduo, na sua totalidade, medita, realiza-se, libera-se da matéria, penetrando na faixa do Mundo extrafísico.

Os pensamentos e sentimentos, inicialmente, serão parte da meditação, até o momento em que já não lhe seja necessário pensar ou aspirar, mas, apenas, ser.

❊

Habitua-te à meditação, após as fadigas.

Poucos minutos ao dia, reserva-os à meditação, à paz que renova para outros embates.

Terminado o teu refazimento, ora e agradece a Deus a bênção da vida, permanecendo disposto para a conquista dos degraus de ascensão que deves galgar com otimismo e vigor.

Sede vós, pois, perfeitos, como é perfeito o vosso Pai, que está nos céus.

Mateus, 5: 48.

17
Viver agora

Este é o teu momento de viver intensamente a realidade da vida.

Desnecessário recordar que, agora, o teu momento presente é relevante para a aquisição dos bens inestimáveis para o Espírito eterno.

Há muito desperdício de tempo, que se aplica nas considerações do passado como em torno das ansiedades do futuro.

A tomada de consciência é um trabalho de atualidade, de valorização das horas, de realização constante.

Alegria de viver

A vida é para ser vivida agora.

Postergar experiências significa prejuízo em crescimento na economia da vida.

Antecipar ocorrências, representa precipitação de fatos que, talvez, não sucederão, conforme agora tomam curso.

As emoções canalizadas em relação ao passado ou ao futuro dissipam ou gastam a energia vital, que deve ser utilizada na ação do momento.

❀

Se vives recordando o passado ou ansiando pelo futuro, perdes a contribuição do presente, praticamente nada reservando para hoje.

O momento atual é a vida, que resulta das atividades pretéritas e elabora o programa do porvir.

Encoraja-te a viver hoje, sentindo cada instante e valorizando-o mediante a consciência das bênçãos que se encontram à tua disposição.

A vida é um sublime dom de Deus.

Naturalmente, quando recebes um presente de alguém, sentes o desejo irrefreável de agradecer, de louvar, de bendizer.

Desse modo, agradece a Deus o sublime legado, que é a tua vida, por Ele concedido.

❊

Vive, jubilosamente, hoje, sejam quais forem as circunstâncias em que se te apresente a existência.

Se o instante é de aflição, resigna-te, agindo corretamente, e estarás produzindo para o futuro, que te chegará em paz.

Se o momento é de gozo, recorda-te dos padecentes à tua volta e reparte alegria, ampliando o círculo de ventura.

Quem despertou para a superior finalidade da vida, vive-a, a cada momento, vivendo-a principalmente agora.

"Quando orardes, entrai no vosso quarto, fechai a porta e orai a vosso Pai que está em secreto..."

Mateus, 6: 6.

18

Na luz da oração

Eleva-te aos Cimos da Vida através da oração.

Ora um pouco mais.

Desencharca-te das vibrações de pessimismo e libera-te dos clichês derrotistas, situando a mente nas paisagens felizes da prece.

O ato de orar é mais amplo do que o mecanismo de repetir palavras.

A mente que ora, se revitaliza, fortalecendo o corpo.

Alegria de viver

Portadora de altas cargas de energia positiva, a prece faculta a sintonia com as Fontes Geradoras da Vida, propiciando o intercâmbio com outras mentes que se movimentam nas faixas superiores do Cosmo.

❈

Por mais complexas se te apresentem as situações, faze uma pausa e ora.

A atitude te oferecerá calma e lucidez.

Diminuirá a tensão e o temor, renovando-te o ânimo e propiciando-te uma visão mais lúcida a respeito da questão que defrontas.

Talvez, não te proporcione a solução que almejas, que te parece, no momento, a melhor. Desencadeará, porém, fatores transcendentes que irão contribuir para a equação correta em torno do problema, no instante próprio.

Assim confiando, viverás com estabilidade e segurança.

Joanna de Ângelis / Divaldo Franco

❖

Seja qual for o desafio, a dificuldade, antes de responderes com a ação precipitada, ora. Um pouco mais de tempo não te prejudicará o comportamento. Aquietando-te para reflexionar, conseguirás mais equilibrado resultado da decisão, sem o risco de desarmonia íntima ou choque externo.

Na atividade da oração, estarás na presença de Deus, sem o pensamento ansioso, nem a angústia perturbadora.

A inspiração te alcançará a casa mental, e ondas de bem-estar te facultarão examinar qualquer ocorrência com otimismo e alegria.

❖

A oração é um estado psíquico de confiança em Deus, que deve constituir a primeira reação da conduta diante das ocorrências humanas.

Alegria de viver

Conforme respiras, podes pensar em Deus, sem te divorciares das atividades do mundo.

Aclimata-te a ela através do exercício e aprende a fruir da paz que decorre da oração.

Descobrirás o filão aurífero e atraente da felicidade que ainda não desfrutas.

Sem te alienar do mundo e sem te asfixiar nele, a oração é o termômetro para a identificação do teu estado emocional e para capacitar-te às realizações que te aguardam.

❋

Restaurado na harmonia, podes enfrentar a vida e suas injunções, como verdadeiro homem integrado no projeto cósmico, do ser transcendente, viajor da eternidade na busca da perfeição.

"Bem-aventurados os que não viram e creram."

João, 20: 29.

19
Encanto pessoal

Generaliza-se e se intensifica, na sociedade hodierna, a irradiação agradável do encanto pessoal de cada criatura, que passa a condicionar-se em padrões de comportamentos capazes de conquistar admiração e gerar afetividade.

Campeões da beleza estudam técnicas de apresentação e postura, a fim de mais

Alegria de viver

expandirem os recursos de que são dotados, colocando-se a serviço do mercado das sensações, de que desfrutam largas fatias de fama e de dinheiro.

Representantes do sexo em expansão, fixam conduta e artifícios de sedução, adquirindo certo magnetismo artificial de que se impregnam, conquistando espaço nos veículos de comunicação de massa, vendendo sensações fortes, sob o açodar de interesses vigorosos.

Criaturas ambiciosas esfalfam-se em cursos de variada denominação, tentando imitar os seus ídolos, adaptando-se aos modismos, de forma a competir nos jogos das forças em desgoverno da propaganda exagerada, buscando aparecer e brilhar sob as luzes dos refletores.

❋

O encanto pessoal passou a constituir meta a ser lograda, como se a vida ficasse reduzida à aparência e ao fulgor breve da quadra juvenil.

O magnetismo humano resulta do estado espiritual de cada ser.

Conforme sejam as suas expressões íntimas, irradia-se a claridade ou a sombra da sua constituição emocional.

Pode acontecer que a beleza física sobreponha-se aos estados mórbidos da personalidade, e um encanto que não corresponde à realidade se exteriorize atraente, agradável, avassalador...

❊

O treinamento artificial pode favorecer a aparência do indivíduo, para que se lhe torne mais interessante a presença.

A maneira de falar, de vestir, de sentar, de andar, de comportar-se e o estudo de cada postura dão ao ser humano um significado que contribui para a sua representatividade social.

Alegria de viver

Indispensável, porém, que haja um esforço para a sua mudança interior, no sentido de melhorar-se.

A aquisição e desenvolvimento dos valores morais permitem uma emanação de energia salutar, cativante, que torna a pessoa querida e respeitada.

A técnica exterior, porém, é verniz que não logra ocultar a face real do homem, enquanto o seu estado de alma, trabalhando com os valores intelecto-morais, dá-lhe o verdadeiro brilho, que impregna todos quantos dele se acercam.

Os expoentes do encanto pessoal, invejados e imitados, não raro vivem atormentados e inquietos, realizando mecanismos de evasão a fim de ocultarem, sob uma aparência irreal, o que lhes vai no íntimo.

Narram os Evangelhos que, de Jesus, se irradiava peregrina claridade, e que as Suas vestes resplandeciam.

Quantos O tocavam se beneficiavam, pois que d'Ele saíam virtudes...

※

Se desejas possuir um superior magnetismo, envolvente e benéfico, em forma de encanto pessoal, ama e exterioriza o amor, tornando-te gentil e bom, afável e generoso, cordial e manso, alegre e devotado.

O amor é o dínamo gerador de todas as forças positivas e representativas da vida, ao teu alcance, para a glória e a honra da própria Vida.

"Bem-aventurados os pobres de espírito, porque deles é o Reino dos céus."

Mateus, 5: 3.

20

Natal íntimo

Pairam sobre a grave noite moral que se abate sobre a Humanidade, as promessas consoladoras de Jesus, enunciadas em época relativamente semelhante, quando a estroinice e a miséria se disputavam destaque, e o sofrimento, cavalgando o poder usurpador de Roma, reduzia o mundo à ínfima condição de escravo.

O homem, ensoberbecido pelas conquistas que o arrojaram para o mundo exterior, estorcega-se nas constrições da angústia,

Alegria de viver

padecendo os rudes efeitos da descrença a que se entregou, olvidando Deus e a alma, enquanto entronizava o corpo e as paixões dissolventes, em aventuras que se converteram em pesadelos torpes.

Não obstante as reivindicações de paz que propõe, ainda espalha os focos das guerras e, embora fomente o progresso tecnológico, arroja-se aos desgastantes campeonatos do prazer, entorpecendo os sentimentos e avançando na direção dos despenhadeiros da loucura e do suicídio.

São estes os dias de opulência e de mesquinhez, de exuberância e de escassez, demonstrando que a única ética portadora de esperança é a do Evangelho.

A cultura enlouquecida prossegue ultrajando a consciência humana, porque a ética permanece fundamentada no imediatismo dos interesses materiais.

Joanna de Ângelis / Divaldo Franco

Ante os paradoxos que se chocam, nos arraiais da civilização, o homem vê-se impelido a examinar a vida com mais respeito e o seu próprio destino com melhor raciocínio.

Nessa busca, inevitavelmente, descobrirá que é um ser imortal, compreendendo que a proposta do momento é a mesma que ressuma do pensamento cristão primitivo.

Nessa criatura, que se candidata à renovação, nasce Jesus, silenciosamente, no seu íntimo, iniciando uma etapa nova.

Esse, qual ocorreu com aquele Natal de há dois mil anos, iluminar-lhe-á a vida e o conduzirá à plenitude, fazendo-o volver os olhos para o seu redor e experimentar a solidariedade com os que sofrem, espalhando dádivas de esperança e de misericórdia com que os felicitará, mudando a paisagem onde se encontram, ao embalo das vozes angélicas, novamente repetindo o inesquecível refrão:

Alegria de viver

— Glória a Deus nas alturas; paz na Terra e boa vontade para com os homens!